ORAÇÃO

Poder e Efeitos

*O livro é a porta que se abre
para a realização do homem.*

Jair Lot Vieira

ALEXIS CARREL

ORAÇÃO

Poder e Efeitos

Tradução, apresentação e notas: Evelyn Tesche
Bacharel em Letras pela UFRGS

mantra

Oração
Poder e efeitos
Alexis Carrel
Tradução, apresentação e notas: Evelyn Tesche
1ª Edição 2015
@ desta tradução: Edipro Edições Profissionais Ltda.
CNPJ nº 47.640.982/0001-40

Todos os direitos reservados. Nenhuma parte deste livro poderá ser reproduzida ou transmitida de qualquer forma ou por quaisquer meios, eletrônicos ou mecânicos, incluindo fotocópia, gravação ou qualquer sistema de armazenamento e recuperação de informações, sem permissão por escrito do Editor.

Editores: Jair Lot Vieira e Maíra Lot Vieira Micales
Produção editorial: Fernanda Rizzo Sanchez
Revisão: Tatiana Yumi Tanaka Dohe
Projeto gráfico e editoração eletrônica: Studio Mandragora
Arte da capa: Marcela Badolatto | Studio Mandragora
Imagens: Flickr Commons

Dados Internacionais de Catalogação na Publicação (CIP)
(Câmara Brasileira do Livro, SP, Brasil)

Carrel, Alexis, 1873-1944.
    Oração : poder e efeitos / Alexis Carrel ; tradução, apresentação e notas Evelyn Tesche. -- São Paulo, SP : Mantra, 2015.

    Título original: La prière.
    ISBN 978-85-68871-02-7

    1. Oração 2. Vida espiritual I. Título.

15-02883   CDD-291.43

Índices para catálogo sistemático:
1. Orações : Religião comparada 291.43

mantra

São Paulo: Fone (11) 3107-4788 - Fax (11) 3107-0061
Bauru: Fone (14) 3234-4121 – Fax (14) 3234-4122
www.mantra.art.br

SUMÁRIO

Apresentação 9

Curiosidades 15

Bibliografia 25

ORAÇÃO – PODER E EFEITOS **29**

Introdução 31

O que é a oração? 35

Como se deve orar? 39

Quais são as diversas formas da oração? 43

Onde e quando orar? 49

Quais são os efeitos da oração? 53

Como a oração age sobre nós? 57

Quais são os resultados da oração? 63

Quais são o lugar e o poder da oração? 69

Conclusão 77

APRESENTAÇÃO

A vida de Alexis Carrel, nascido em 1873 perto de Lyon, na França, é marcada por uma série de eventos que o situam na delicada fronteira entre a ciência e a religião. De um lado, há o médico renomado, ganhador do Prêmio Nobel, cujos experimentos pioneiros criaram os alicerces para as técnicas modernas de transplante de órgãos e de cirurgia cardiovascular; de outro, o agnóstico convertido que, ao buscar explorar filosoficamente a intersecção entre a fé e a medicina, é hostilizado pelo sistema acadêmico francês em uma época de positivismo e radicalismo triunfantes.

É difícil apontar o instante exato em que o pensamento de Carrel começa a voltar-se para o plano metafísico. Suas cartas e seus registros pessoais de 1896, ano em que ainda estudava Medicina na Universidade de Lyon, denotam um jovem cientista já empenhado em conciliar suas convicções positivistas com seus questionamentos metafísicos. Há, nesses registros, traços de certa angústia existencial que o levam a deslocar-se para outras esferas do pensamento: "A vida não tem, em si mesma, razão suficiente; é preciso procurá-la fora dela."[1] No entanto, é apenas em 1902 que se desenrolam os acontecimentos emblemáticos dessa dualidade que caracterizaria Carrel para sempre perante o grande público.

---

1 CARREL, Alexis. Feuilles détachées. In: _____. *Jour après jour*, 1893-1944. Paris: Plon, 1956.

ORAÇÃO

No mesmo ano em que o cientista alcança reconhecimento internacional ao desenvolver técnicas inovadoras de sutura vascular, um colega o convida para substituí-lo como médico em um trem lotado de pessoas doentes que peregrinavam a Lourdes, o famoso santuário nos Altos Pirineus franceses. Como relata em seu diário, *Le voyage de Lourdes* (Viagem a Lourdes), de publicação póstuma, Carrel testemunha a cura instantânea de uma paciente com peritonite tuberculosa. É preciso lembrar que, apesar da profunda impressão que o ocorrido deixou--lhe, Carrel nunca utilizou a palavra "milagre". Ainda assim, seus artigos publicados depois do acontecimento, tidos como insuficientemente científicos pela comunidade médica francesa, custaram-lhe a credibilidade em seu país natal. Carrel viu-se obrigado a dar continuidade a suas pesquisas médicas nos Estados Unidos, onde realizou a maior parte dos experimentos e das descobertas que lhe renderam a fama e o Prêmio Nobel de 1912.

Um dos aspectos que sempre permearam as obras científico-filosóficas de Carrel é o interesse pela interdependência psicobiológica. Mais especificamente, o médico buscou observar e compreender, em mais de uma instância, as modificações patológicas que o estado de contemplação provoca no organismo, bem como os efeitos curativos da oração sobre aqueles que a praticam, sobretudo nos casos de milagre. Em *Oração – poder e efeitos*, Carrel reúne anos de observação a fim de produzir um relato empírico sobre a função de tais atividades mentais na vida orgânica. Escrito nos anos finais de sua vida, época em que o cirurgião já estava convertido à

ORAÇÃO

fé católica, este ensaio se apresenta como um guia valioso àqueles que se interessam, por um motivo ou outro, pela intersecção entre corpo e mente.

Evelyn Tesche
Março de 2015

CURIOSIDADES

A justiça histórica deveria ser feita e o líquido ou fluído de Dakin ostentar tanto o nome do químico inglês Henry Drysdale Dakin quanto o do cirurgião francês Alexis Carrel. Trata-se de uma solução aquosa tamponada de hipoclorito de sódio, diluída a 0,5%, usada no mundo inteiro como antisséptico e conhecida apenas como líquido ou fluído de Dakin.

Trabalhando juntos, o antisséptico foi desenvolvido pelos dois profissionais em 1914 e 1915 durante a Primeira Guerra Mundial, perto da linha de frente de Compiègne, no Hospital Militar Rand-Royal, subvencionado pelo Instituto Rockefeller para Pesquisas Médicas.

A pesquisa foi levada a efeito com base em diferentes concentrações do princípio ativo, visando achar um antisséptico eficaz.[2]

Estudando a vida de Alexis Carrel, chega-se a imaginar que de fato seu nome foi boicotado do contexto, ao longo dos anos, devido a rixas surgidas com seus antigos mestres, que foram, posteriormente, seus comandantes durante o conflito.

Carrel nasceu em Saint Foy-lès-Lion. Foi batizado com o nome Auguste, mas, assim que seu pai faleceu (em 1877), foi--lhe atribuído o nome Alexis, conforme o costume na época para honrar os mortos. Estudou na Escola de Medicina de Lion, onde ingressou aos 17 anos, em 1890, tendo se diplomado em 1900. Havia se interessado desde cedo pela técnica de

---

2 Este hospital foi destruído pelos alemães em março de 1918 por bombardeio aéreo.

ORAÇÃO

sutura de vasos em cães, idealizando o ponto triangular ancorado, assim como a agulha curva que vem sendo utilizada há décadas na microcirurgia vascular. Na adolescência, frequentou a roda de costura de sua mãe e, quando acadêmico, voltou ao grupo para observar como as senhoras procediam. Viu a aplicabilidade de sua técnica à cirurgia vascular e, mesmo como estudante, publicou trabalhos expondo suas experiências em animais nesse setor.

Em fins de 1893, iniciou sua especialização em cirurgia, depois de acirrada disputa pelas três vagas existentes. Foi o segundo colocado entre 57 candidatos. Em junho de 1894, Carrel observou seus professores em Lion tentarem salvar, sem sucesso, a vida do presidente francês Marie François Sadi Carnot, esfaqueado nas costas pelo anarquista italiano Sante Caserio. Criticou-os severamente por não terem conseguido suturar a veia porta, que havia sido atingida pela lâmina do assassino. Tinha uma personalidade difícil: era arrogante e irascível.[3]

Seus professores nunca o perdoaram por isso, inclusive bloqueando toda e qualquer ascensão em sua carreira na França. No mesmo ano de 1904, Carrel tentou a vida no Novo Mundo, trabalhando no ramo de gado de corte em Montreal, no Canadá, onde foi descoberto e reconhecido como um dos pioneiros em cirurgia vascular experimental. Dois anos antes havia suturado com sucesso as extremidades de uma artéria seccionada. Os americanos acabaram atraindo-o para o Laboratório Fisiológico Hull da Universidade de Chicago em 1905, onde ele iniciou experiências em transplantes

---

3 O presidente Sadi Carnot era amicíssimo de D. Pedro II, tendo, inclusive, providenciado suas exéquias em 1891 quando este faleceu em Paris.

ORAÇÃO

renais em animais. Foi um dos responsáveis pela divulgação dos resultados bem-sucedidos do cultivo de células nervosas fora do corpo animal em 1907 por Ross Granville Harrison das Universidades de Yale e Johns Hopkins. Um assistente, Montrose Burrows, estudando meios de cultura, descobriu que o plasma de galinha era ideal para tecidos humanos. Carrel e Burrows trabalharam juntos durante dois anos antes que este último se mudasse para a Universidade de Cornell.

Em 1911, Carrel publicou seu primeiro artigo sobre o cultivo de tecidos, considerado muito importante pela mídia mundial, cuidadosamente trabalhada pelo vaidoso autor. Fazia questão de publicidade!

Em várias ocasiões, foi-lhe oferecida a cidadania americana, mas ele sempre a recusou polidamente porque se considerava um patriota francês.

Por causa de suas pesquisas em

microcirurgia vascular, Alexis Carrel ganhou, em 1912, o primeiro Prêmio Nobel (na época, 39 mil dólares) de Medicina e Fisiologia para os Estados Unidos. Carrel era tão conhecido mundialmente pelos seus estudos com cultivo de tecidos que, durante algum tempo, pensou-se que o prêmio lhe havia sido atribuído por essa razão, o que revoltou alguns cientistas que sabiam da primazia do Harrison.

É fácil compreender por que lhe faziam restrições de ambos os lados. Foi um francês e não um americano que ganhou na América o cobiçado troféu. Para os franceses, Carrel, francês de nascimento, havia ganhado o prêmio para a América e não para a França.

Casou-se em 1913 com a enfermeira Anne Marie de la Meyrie, que foi sua grande companheira até o fim de sua vida, em 1944.

Em 1914, assim que eclodiu a

ORAÇÃO

Primeira Guerra Mundial, voltou para a França na qualidade de voluntário. Seus antigos mestres e desafetos eram agora militares de alta patente no quadro médico do Exército. O rancor persistira durante todos aqueles anos, o que veio a dificultar muito o trabalho de Carrel nos hospitais. Os resultados de suas pesquisas, em parceria com Dakin, referentes à eficácia do hipoclorito de sódio como antisséptico eficaz, somente foram reconhecidos e aceitos oficialmente pelo governo francês no fim de 1915.

Terminado o conflito na Europa, Carrel reassumiu seu posto no Instituto Rockefeller de Pesquisas Médicas, nos Estados Unidos, e galgou paulatinamente a posição de professor pleno. Em 1935 ele publicou o famoso livro *Homem, esse desconhecido* (outro livro foi editado postumamente em 1950: *Reflexões sobre a conduta da vida*).

Continuou suas pesquisas com cultura de tecidos e se tornou mais famoso nessa linha do que com a microcirurgia de vasos. Suas palestras tornaram-se muito populares nos Estados Unidos. Em 1936, desenvolveu uma bomba de corrente sanguínea, considerada o primeiro coração artificial do mundo.

Aposentou-se do Instituto Rockefeller e voltou à sua amada França por ocasião da Segunda Guerra Mundial, em 1939, a fim de dar a sua contribuição na qualidade de médico, não se importando se seus pacientes eram franceses, alemães ou ingleses. O governo francês de Vichy, marionete dos nazistas, designou-o como diretor-geral de um grande hospital da *Fondation Française pour l'Étude des Problèmes Humaines* por causa da sua competência e fama mundial.

Com a liberação, em 1944, iniciou-se a caça às bruxas, e os nacionalistas da *Resistance*, comandados por De Gaulle,

ORAÇÃO

aplicaram o rito sumário para todos identificados como colaboradores do regime de Vichy e dos nazistas, fuzilando ou encarcerando-os. O marechal Pétain, por exemplo, herói nacional da Primeira Guerra Mundial, passou o resto de sua vida na cadeia.[4]

Embora nunca tenha se provado coisa alguma contra ele, Alexis Carrel foi enquadrado, e os guardas republicanos foram à sua residência prendê-lo. Tudo foi amplamente anunciado na rádio local, mesmo sem ele ter sido

---

4 A Enciclopédia Britânica informa que se falava em cerca de 10 mil execuções por ocasião da liberação da França. Depois do restabelecimento da justiça e nos dois anos que se seguiram, houve 125 mil pessoas indiciadas, resultando em cerca de 40 mil sentenças prisionais e de 700 a 800 condenações à morte. Foram quase 50 mil indivíduos punidos com a "degradação nacional" e a perda dos direitos políticos por um número variável de anos.

Fonte: *The New Encyclopedia Britannica*, Macropedia, v. 7, p. 676, 1980.

formalmente indiciado. Por ironia do destino, o cientista, com 71 anos de idade e já doente havia alguns meses, falecera nove horas antes.

William Moffitt Harris
Professor doutor aposentado da Faculdade de Saúde Pública da USP

BIBLIOGRAFIA

MOSELEY, J. Alexis Carrel, the man unknown. Journey of na idea. *Journal of the American Medical Association*, 244(10): 1119-21, Sept. 1980.

Verbetes sobre Alexis Carrel e Sadi Carnot em *The New Encyclopedia Britannica*, Micropedia, v. 2, p. 589 e 578 (respectivamente). Disponível em: <http://www.culturaesaude.med.br/content/alexis-carrel-1873-1944-e-o-l%C3%ADquido-de-dakin> Acesso em: 27 abr 2015.

ORAÇÃO

Poder e Efeitos

INTRODUÇÃO

Para nós, homens do Ocidente, a razão parece muito superior à intuição. Preferimos, de longe, a inteligência aos sentimentos. A ciência brilha, ao passo que a religião apaga-se. Seguimos Descartes e ignoramos Pascal.

Desse modo, buscamos desenvolver em nós, antes de tudo, a inteligência. As atividades não intelectuais da mente, como o senso moral, o senso do belo e, sobretudo, o senso do sagrado, são negligenciadas quase que por completo. A atrofia dessas atividades fundamentais faz do homem moderno um ser espiritualmente cego. Tal enfermidade não lhe permite ser um bom elemento constitutivo da sociedade. É à má qualidade do indivíduo que se deve atribuir o colapso de nossa civilização. Na verdade, o espiritual mostra-se tão indispensável a uma vida bem-sucedida quanto o intelectual e o material. Portanto, urge ressuscitar em nós as atividades mentais que, muito mais do que a inteligência, dão sua força à personalidade. A mais ignorada delas é o senso do sagrado ou o senso religioso.

ORAÇÃO

O senso do sagrado se exprime, sobretudo, pela oração. A oração, assim como o senso do sagrado, é evidentemente um fenômeno espiritual. Contudo, se o mundo espiritual está fora do alcance de nossas técnicas, como adquirir um conhecimento positivo da oração? Felizmente, o domínio da ciência compreende a totalidade daquilo que é observável, e ele pode, por meio do fisiológico, estender-se às manifestações do espiritual. Sendo assim, é pela observação sistemática do homem que aprenderemos no que consiste o fenômeno da oração, a técnica de sua produção e seus efeitos.

O QUE É A ORAÇÃO?

A oração parece ser, em essência, uma inclinação da mente em direção ao substrato imaterial do mundo. De modo geral, ela consiste em uma queixa, um grito de angústia, um pedido de socorro. Às vezes, ela transforma-se em uma contemplação serena do princípio imanente e transcendente de todas as coisas. É possível defini-la igualmente como uma elevação da alma a Deus, como um ato de amor e adoração Àquele que nos dá a maravilha que é a vida. Na verdade, a oração representa o esforço invisível, criador de tudo o que existe, suprema sabedoria, força e beleza, pai e salvador de cada um de nós. Longe de

ser uma mera recitação de fórmulas, a verdadeira oração representa um estado místico em que a consciência funde-se em Deus. Esse estado não é de natureza intelectual. Além disso, ele continua tão inacessível quanto incompreensível para os filósofos e cientistas. Tal qual o senso do belo e o amor, não exige qualquer conhecimento livresco. As pessoas humildes sentem Deus tão naturalmente quanto sentem o calor

ORAÇÃO

do sol ou o perfume de uma flor. Mas esse Deus, tão acessível àquele que sabe amar, oculta-se àquele que somente sabe entender. O pensamento e a palavra falham ao descrevê-lo. É por essa razão que a oração encontra sua mais alta expressão em um arroubo de amor por meio da noite obscura da inteligência.

COMO SE DEVE ORAR?

Aprendemos a técnica da oração dos místicos cristãos, desde São Paulo até São Bento, passando pela multidão de apóstolos anônimos que, durante vinte séculos, iniciaram os povos do Ocidente na vida religiosa. O deus de Platão era inacessível em sua grandeza. O de Epiteto confundia-se com a alma das coisas. Javé inspirava o terror em vez do amor. O Cristianismo, ao contrário, colocou Deus ao alcance do homem. Ele Lhe deu um rosto, transformou-O em nosso Pai, nosso Irmão, nosso Salvador. Para alcançar Deus, não é mais necessário um cerimonial complexo, com sacrifícios

sangrentos. A oração ficou fácil, e sua técnica, simples.

Para orar, basta fazer o esforço de voltar-se para Deus. Esse esforço deve ser afetivo, não intelectual. Uma meditação sobre a grandeza de Deus, por exemplo, não é uma oração, a menos que se dê ao mesmo tempo que uma expressão de

ORAÇÃO

amor e de fé. Assim, a oração, seguindo o método de São João Batista de la Salle, parte de uma consideração intelectual para tornar-se imediatamente afetiva. Seja curta ou longa, vocal ou apenas mental, a oração assemelha-se à conversa de uma criança com o pai. "Nós nos apresentamos como somos", dizia um dia certa irmã de caridade que havia trinta anos dedicava sua vida aos pobres. Em suma, rezamos, assim como amamos, com todo o nosso ser.

QUAIS SÃO AS DIVERSAS FORMAS DA ORAÇÃO?

Quando se trata da forma de orar, ela vai desde a breve aspiração a Deus até a contemplação, desde as simples palavras pronunciadas por uma camponesa diante do calvário na encruzilhada até a magnificência do canto gregoriano sob as abóbadas da catedral. A solenidade, a grandeza e a beleza não são necessárias à eficácia da oração. Poucos homens souberam orar como São João da Cruz ou São Bernardo de Claraval, mas não é preciso ser eloquente para ser atendido.

Quando julgamos o valor da oração por seus resultados, nossas mais humildes palavras de súplica e de louvor parecem tão aceitáveis ao Mestre de todos os seres quanto as mais belas invocações. Fórmulas recitadas mecanicamente são, de certo modo, uma oração, bem como a chama de uma vela. Para isso, basta que essas fórmulas inertes e essa chama material simbolizem o impulso de um ser humano em direção a Deus. Oramos também pela ação: São Luiz Gonzaga dizia que o cumprimento do dever é equivalente à oração. A melhor maneira de comungar com Deus é, sem dúvida, cumprir integralmente sua vontade. "Pai Nosso, vem a nós o Vosso reino, seja feita a Vossa vontade, assim na Terra como no Céu..." E fazer a vontade de Deus consiste, evidentemente, em obedecer às leis da vida, tais quais estão inscritas em nossos tecidos, nosso sangue e nosso espírito.

ORAÇÃO

As orações que se elevam como imensa nuvem da superfície da terra diferem entre si tanto quanto as personalidades daqueles que oram. Contudo, consistem em variações de dois temas: a angústia e o amor. É perfeitamente legítimo implorar pelo socorro de Deus para obter aquilo de que precisamos. No entanto, seria absurdo

pedir o atendimento de um capricho ou o que poderíamos conseguir por nosso próprio esforço. O pedido importuno, obstinado, agressivo, funciona. Um cego sentado à beira do caminho gritava suas súplicas cada vez mais alto, apesar das pessoas que queriam calá-lo. "Tua fé te curou", disse Jesus, que passava. Em sua forma mais elevada, a oração deixa de ser

ORAÇÃO

uma petição. O homem expõe ao Mestre de todas as coisas que ele O ama, que Lhe é grato por suas dádivas, que está pronto para cumprir Sua vontade, seja qual for. A oração vira contemplação. Um velho camponês estava sentado no último banco da igreja vazia. "O que o senhor está esperando?", perguntaram--lhe. "Eu O observo", respondeu ele, "e Ele me observa." O valor de uma técnica é medido por seus resultados. Toda técnica de oração é boa quando coloca o homem em contato com Deus.

ONDE E QUANDO ORAR?

Pode-se orar em qualquer lugar. Na rua, no carro, no ônibus, no escritório, na escola, na usina. Mas oramos melhor nos campos, nas montanhas e nos bosques, ou na solidão de nossos quartos. Há também as preces litúrgicas feitas na igreja. Contudo, seja qual for o lugar da oração, Deus apenas fala ao homem se este estabelecer a calma em si mesmo. A calma interior depende igualmente de nosso estado orgânico e mental e do meio em que estamos inseridos. A paz, do corpo e da mente, é difícil de alcançar em meio à confusão, ao rumor e à dispersão da cidade moderna. Hoje são necessários locais de oração, de preferência igrejas, onde os cidadãos possam encontrar, nem que seja por um breve instante, as condições físicas e psicológicas indispensáveis à tranquilidade interior. Não seria difícil nem dispendioso criar, assim, ilhas de paz acolhedoras e belas em meio ao tumulto da cidade. No silêncio desses refúgios, enquanto elevam seu pensamento em

ORAÇÃO

direção a Deus, os homens poderiam descansar os músculos e órgãos, acalmar a mente, aclarar o julgamento e receber a força para suportar a dura vida imposta por nossa civilização.

A oração age sobre o caráter ao se tornar um hábito. Portanto, deve-se orar frequentemente. "Pensa em Deus mais vezes do que respiras", dizia Epíteto. É absurdo orar pela manhã e comportar--se no restante do dia como um bárbaro. Curtíssimos pensamentos ou invocações mentais podem manter o homem na presença de Deus. Toda a conduta é, então, inspirada pela oração. Assim entendida, a oração passa a ser um modo de viver.

QUAIS SÃO OS EFEITOS DA ORAÇÃO?

A oração é sempre seguida de resultado se for feita em condições adequadas. "Não há homem que tenha orado sem aprender alguma coisa", escreveu Ralph Waldo Emerson. Ainda assim, a oração é considerada pelos homens modernos como um hábito antiquado, uma vá superstição, um resquício de barbárie. De fato, ignoramos quase completamente os seus efeitos.

Quais são as causas de nossa ignorância? Primeiro, a raridade da oração. O senso do sagrado está em vias de desaparecer entre os civilizados. É provável que o número de franceses que oram habitualmente não ultrapasse 4 ou 5% da população. Segundo, a oração é, muitas vezes, estéril. Isso porque a maioria das pessoas que ora é egoísta, mentirosa, orgulhosa; fariseus incapazes de fé e de amor. Por fim, seus efeitos, quando se produzem, são muitas vezes ignorados por nós. A resposta aos nossos pedidos e ao nosso amor é dada habitualmente de modo lento, insensível, quase inaudível. A tênue voz que murmura essa resposta em nosso interior é facilmente abafada pelos barulhos do mundo. Os resultados materiais da oração também são obscuros. Eles se confundem, geralmente, com outros fenômenos. Assim, poucas pessoas, mesmo entre os padres, tiveram a oportunidade de observá-los de

ORAÇÃO 55

maneira precisa. E os médicos, por falta de interesse, frequentemente perdem a chance de estudar os casos que estão ao seu alcance. Além disso, os observadores são, muitas vezes, derrotados pelo fato de que a resposta está longe de ser sempre a esperada. Por exemplo, alguém que pede para ser curado de uma doença orgânica permanece doente, mas sofre uma profunda e inexplicável transformação moral. No entanto, o hábito da oração, embora excepcional no conjunto da população, é relativamente frequente nos grupos que se mantiveram fiéis à religião ancestral. É nesses grupos que se pode, ainda nos dias atuais, estudar sua influência. Dentre os inúmeros efeitos da oração, o médico tem a oportunidade de observar, sobretudo, aqueles que chamamos de efeitos psicofisiológicos e curativos.

COMO A ORAÇÃO AGE SOBRE NÓS?

A oração age na mente e no corpo de um jeito que parece depender de sua qualidade, intensidade e frequência. É fácil saber qual é a frequência da oração e, em certa medida, sua intensidade. Já sua qualidade permanece obscura, pois não temos como medir a fé, a capacidade de amar de outras pessoas. Entretanto, o modo como vive aquele que ora pode nos dar pistas sobre a qualidade de suas invocações a Deus. Mesmo quando a oração é de baixo valor e consiste, principalmente, na recitação mecânica de fórmulas, ela exerce um efeito sobre o comportamento. Ela fortalece simultaneamente o senso do sagrado e o senso moral. Os meios em que se ora caracterizam-se por certa persistência do sentimento do dever e da responsabilidade, por menos inveja e maldade, por uma bondade para com os outros. Parece estar demonstrado que, assim como o desenvolvimento intelectual, o caráter e o valor moral são mais elevados nos indivíduos que oram, mesmo de maneira medíocre, do que nos que não o fazem.

Quando a oração é habitual e realmente fervorosa, sua influência fica muito clara. Ela é, de certo modo, comparável à influência de uma glândula de secreção interna, como a tireoide ou a suprarrenal, por exemplo. Trata-se de uma espécie de transformação mental e orgânica. Essa transformação opera de modo progressivo. Digamos que, nas profundezas da consciência, uma chama se acende. O homem se vê tal como é. Ele descobre seu egoísmo, sua avareza, seus erros de julgamento, seu orgulho. Ele busca alcançar a humildade intelectual. Assim se abre diante dele o reino da Graça... Aos poucos, produz--se um apaziguamento interior, uma harmonia entre as atividades nervosas e morais, uma maior resiliência em relação

à pobreza, à calúnia e às preocupações, a capacidade de suportar, sem fraquejar, a perda de entes queridos, a dor, a doença e a morte. Assim, um médico que vê um doente orar pode alegrar-se. A calma trazida pela oração é um poderoso auxiliar na terapêutica.

No entanto, a oração não deve ser assimilada à morfina, pois ela determina, com a calma, uma integração das atividades mentais, uma espécie de desabrochamento da personalidade – às vezes, até mesmo o heroísmo. Ela marca seus fiéis com um selo particular. A pureza

ORAÇÃO

do olhar, a tranquilidade da postura, a alegria serena da expressão, a virilidade da conduta, e, quando necessário, a simples aceitação da morte do soldado ou do mártir traduzem a presença do tesouro escondido nas profundezas do corpo e da alma. Sob essa influência, até mesmo os ignorantes, os retardados, os fracos, os intelectualmente prejudicados utilizam melhor suas forças intelectuais e morais. A oração, ao que parece, eleva os homens acima da estatura mental conferida por sua genética e sua educação. Esse contato com Deus impregna-os de paz, e a paz irradia deles. Infelizmente, no mundo atual, apenas uma ínfima parcela dos indivíduos sabe orar de maneira efetiva.

QUAIS SÃO OS RESULTADOS DA ORAÇÃO?

Em todas as épocas, a atenção dos homens voltou-se, principalmente, para os efeitos curativos da oração. Ainda hoje, nos meios em que se ora, fala--se frequentemente de curas obtidas graças às súplicas feitas a Deus ou a seus santos. Todavia, quando se trata de doenças passíveis de serem curadas espontaneamente ou com auxílio de medicamentos comuns, é difícil saber qual foi o real agente da cura. Somente nos casos em que nenhuma terapêutica é aplicável, ou em que todas falharam, é que os resultados da oração podem ser constatados com segurança. O Bureau Médico de Lourdes[5] prestou um grande serviço à ciência ao demonstrar a realidade dessas curas. Existem vezes em que a oração tem, por assim dizer, um efeito explosivo. Por exemplo, doentes são curados quase instantaneamente de afecções como lúpus ulceroso, câncer, infecções renais, úlceras, tuberculose pulmonar, óssea ou peritoneal. O fenômeno se produz quase sempre da mesma maneira: uma intensa dor, depois a sensação de estar curado. Em alguns segundos, no máximo algumas horas, os sintomas desaparecem e as lesões anatômicas são reparadas. O milagre é caracterizado por uma aceleração extrema dos processos normais de cura.

---

5 O Bureau Médico de Lourdes, localizado no Santuário de Nossa Senhora de Lourdes, é uma organização médica oficial responsável por determinar se as curas alegadas pelos fiéis podem ser explicadas cientificamente.

ORAÇÃO 65

Até o momento, nenhum cirurgião ou fisiologista observou tal aceleração ao longo de sua experiência.
Para que esses fenômenos se produzam, não é preciso que o doente ore. Crianças pequenas ainda incapazes de falar, bem como indivíduos descrentes, foram curadas em Lourdes. Mas, perto deles, alguém rezava. A oração feita por outro é sempre mais fecunda do que a oração feita por si mesmo. Seu efeito

parece depender da intensidade e da qualidade da oração. Em Lourdes, os milagres são muito menos frequentes do que eram há quarenta ou cinquenta anos, no fim do século XIX, pois as doenças

ORAÇÃO

não encontram mais a atmosfera de profundo recolhimento que lá reinava outrora. Os peregrinos viraram turistas, e suas orações tornaram-se menos eficazes. São esses os resultados da oração que conheço com segurança. Além deles, há uma infinidade de outros. A história dos santos, inclusive os modernos, relata muitos fatos maravilhosos. Não é de se duvidar que a maioria dos milagres atribuídos, por exemplo, ao Santo Cura D'Ars, seja verídica. Esse conjunto de fenômenos nos leva a um mundo novo, cuja exploração não começou, mas há de ser fértil em surpresas. O que já sabemos, com certeza, é que a oração produz efeitos tangíveis.

Por mais estranho que possa parecer, devemos considerar como verdadeiro que "aquele que pede, recebe; e, ao que bate, abre-se"[6].

---

6 Mateus 7:8.

QUAIS SÃO O LUGAR E O PODER DA ORAÇÃO?

Em suma, tudo ocorre como se Deus escutasse o homem e lhe respondesse. Os efeitos da oração não são uma ilusão. Não se deve reduzir o senso do sagrado à angústia vivida pelo homem diante dos perigos que o rodeiam e do mistério do universo. Também não se deve fazer da oração uma poção calmante, um remédio contra o nosso medo do sofrimento, da doença e da morte. Qual é, então, a significação do senso do sagrado? E em que lugar a própria natureza atribui a oração em nossa vida? Na verdade, esse lugar é muito importante. Em quase todas as épocas, os homens do Ocidente rezaram.

As cidades da Antiguidade eram, principalmente, instituições religiosas. Os romanos erigiam templos em todos os lugares. Nossos ancestrais da Idade Média cobriram o solo da cristandade com catedrais e capelas góticas. Ainda hoje, sobre cada cidade se ergue um campanário. Foi pelas igrejas, bem como pelas universidades e usinas, que os peregrinos vindos da Europa instauraram no mundo novo a civilização do Ocidente. Ao longo de nossa história, orar foi uma necessidade tão elementar quanto conquistar, trabalhar, construir ou amar. De fato, o senso do sagrado parece ser um impulso vindo do lugar mais profundo de nossa natureza, uma atividade fundamental. Suas variações dentro de um grupo humano estão quase sempre ligadas às variações de

ORAÇÃO

outras atividades básicas, ao senso moral e ao caráter, e, às vezes, ao senso do belo. É essa parte tão importante de nós que permitimos atrofiar e ocasionalmente desaparecer. É preciso lembrar que o homem não pode agir conforme seus caprichos sem que isso represente um perigo. Para ser plena, a vida deve ser conduzida de acordo com regras invariáveis que dependem de sua própria estrutura. Corremos um risco grave quando deixamos morrer em nós alguma atividade fundamental, seja de ordem fisiológica, intelectual ou espiritual. Por exemplo, a falta de desenvolvimento dos músculos, do esqueleto e de atividades não racionais da mente em certos intelectuais é tão desastrosa quanto a atrofia da inteligência e do senso moral em certos atletas. Há inúmeros exemplos de famílias prolíficas e fortes que apenas produziram degenerados ou enfraqueceram depois do desaparecimento das crenças ancestrais e do culto à honra. Aprendemos, por uma dura experiência, que a perda do senso moral e do senso do sagrado pela maioria dos elementos ativos de uma nação leva à decadência desta e à submissão ao estrangeiro. O declínio da Grécia Antiga foi precedido por um fenômeno análogo. Evidentemente, a supressão de atividades mentais naturais é incompatível com uma vida realizada. Na prática, as atividades morais e religiosas estão ligadas umas às outras. O senso moral dissipou-se pouco tempo depois do senso do sagrado. O homem não conseguiu construir, como queria Sócrates, um sistema de moral independente de doutrina religiosa. As sociedades em que a necessidade de orar desapareceu estão, de forma geral, próximas à degeneração. É por tudo isso que todos os civilizados – tanto os crentes quanto os descrentes – devem interessar-se por esse sério problema do desenvolvimento de cada atividade básica de que o ser humano é capaz.

Por que o senso do sagrado desempenha um papel tão importante para uma vida plena? Por qual mecanismo a oração age sobre nós? Trocamos aqui o domínio da observação

pelo da hipótese. Mas a hipótese, mesmo ousada, é necessária para o progresso do conhecimento. É preciso lembrar, antes de tudo, que o homem é um todo indivisível, composto por tecido, líquidos orgânicos e consciência. Ele não está, portanto, compreendido às quatro dimensões do espaço e do tempo, pois a consciência, embora resida em nossos órgãos, projeta-se ao mesmo tempo para fora do *continuum* físico. Por outro lado, o corpo vivo, que nos parece independente de seu meio material, isto é, do universo físico, na verdade prescinde deste, pois está ligado a esse meio por sua incessante necessidade de oxigênio do ar e dos alimentos fornecidos pela terra. Não poderíamos crer que estamos mergulhados em um meio espiritual do qual dependemos tanto quanto do universo material, ou seja, da terra e do ar? E esse meio não seria senão o ser imanente e transcendente a todos os

ORAÇÃO

seres, aquele a quem chamamos Deus. A oração poderia, portanto, ser considerada como agente das relações naturais entre a consciência e seu meio próprio, como uma atividade biológica dependente de nossa estrutura. Em outras palavras, ela poderia ser considerada uma função normal do nosso corpo e da nossa mente.

CONCLUSÃO

Resumindo, o senso do sagrado é revestido de uma importância singular em relação às outras atividades da mente, pois ele nos coloca em comunicação com a imensidão misteriosa do mundo espiritual. É pela oração que o homem vai a Deus e que Deus entra nele. Orar mostra-se indispensável ao nosso desenvolvimento ideal. Não devemos tomar a oração como um ato a que se rendem apenas os pobres de espírito, os pedintes ou os covardes. "Orar é vergonhoso", escreveu Nietzsche. Na verdade, orar não é mais vergonhoso do que beber água ou respirar. O homem precisa de Deus como precisa de água e de oxigênio.

Com a intuição, o senso moral, o senso do belo e a luz da inteligência, o senso do sagrado permite a plena realização da personalidade. Não há dúvida de que uma vida plena exige o desenvolvimento integral de todas as nossas atividades fisiológicas, intelectuais, afetivas e espirituais. A mente é, ao mesmo tempo, razão e sentimento. Devemos, portanto, amar a beleza da ciência, mas também a beleza de Deus. Devemos escutar Pascal com o mesmo fervor com que escutamos Descartes.